대한민국 법령 시리즈 531

군보건의료에 관한 법률

(약칭 : 군보건의료법)

법령
시행령

해광출판사

머리말

이 책은 방대한 법전을 보지 않고 간편하게 해당되는 법령만 참고해서 볼 수 있도록 하였습니다. 공공기관이나 관련 종사자들이 쉽고 간편하게 해당 법령을 참조 할 수 있도록 하였습니다.

특히 해당법률은 물론 관련 시행령을 함께 실어 관련법을 서로 참고할 수 있게 하였습니다.

법률이라는 것이 크든 작든 항상 변하는 관계로, 출간 이후의 정확하고 최신의 법률은 법제처 국가법령정보센터에서 확인이 가능하니 법률의 실제 적용 시 확인이 필요한 점 유의하기를 바랍니다.

편집부

* 수록 법률은 법제처 국가법령정보센터에서 확인 가능합니다.
* 발행일 기준 시행 법률이므로 최신 법령은 위 센터에서 볼 수 있습니다.
* 본 책자에 수록된 법률의 문구에 대하여 법적인 효력은 없으며,
  실제 적용 법률은 위 센터에서 최신의 법률로 확인하시기 바랍니다.
* 해당 법령과 함께 시행령, 시행규칙도 수록되어 있습니다.
* 발행일 기준으로 개정 예정 법률은 밑줄로 별도 표시되어 있으며,
  보다 정확한 것은 법제처에서 확인하기 바랍니다.

목차

군보건의료에 관한 법률 / 7

군보건의료에 관한 법률 시행령 / 21

군보건의료에 관한 법률
(약칭 : 군보건의료법)

[시행 2025. 3. 18.] [법률 제20800호, 2025 3. 18., 일부개정]

제1조(목적)
제2조(정의)
제3조(다른 법률과의 관계)
제4조(국가의 책무)
제5조(보건의료접근권의 보장)
제6조(군보건의료발전계획의 수립 · 시행)
제7조(군보건의료발전추진위원회)
제8조(위원회의 구성)
제9조(군보건의료자원의 관리)
제10조(군보건의료인의 확보)
제11조(군응급의료 체계)
제11조의2(군인등의 응급처치)
제12조(감염병의 예방 및 관리)
제12조의2(군감염병관리정보시스템)
제13조(다른 의료기관과의 상호 협력)
제14조(민간의료자문단의 운영)
제15조(군의료전문연구기관의 설치)
제16조(건강검진)
제16조의2(정신건강 실태조사)
제17조(군보건의료의 통계 · 정보 관리)
제18조(진료기록부의 작성)
제19조(군인등 외의 사람에 대한 진료)
제19조의2(군장례식장의 위생관리기준 등)
제20조(벌칙)

**개정 예정 법률 밑줄 별도 표시.

군보건의료에 관한 법
(약칭 : 군보건의료법)

[시행 2025. 3. 18.] [법률 제20800호, 2025. 3. 18., 일부개정]

제1조(목적) 이 법은 군인 및 군무원의 건강한 군 생활을 위한 군보건의료 체계와 정책에 관한 사항을 규정함으로써 군인 등에게 양질의 보건의료서비스를 제공하고 군보건의료의 발전과 전력 증강에 이바지함을 목적으로 한다.

제2조(정의) 이 법에서 사용하는 용어의 뜻은 다음과 같다.

1. “군인등”이란 「군인사법」 제2조에 따른 군인 및 「군무원인사법」에 따른 군무원을 말한다.

2. “군보건의료”란 군인등의 건강을 보호·증진하기 위하여 국가·지방자치단체·보건의료기관·군보건의료기관 또는 군보건의료인 등이 행하는 모든 활동을 말한다.

3. “군보건의료인”이란 관계 법령에서 정하는 바에 따라 자격·면허 등을 취득하거나 군보건의료기관에서 각종 보건의료 행위를 하도록 허용된 사람으로서 대통령령으로 정하는 사람을 말한다.

4. “군보건의료기관”이란 군병원, 의무대 등 국방부 및 육군·해군·공군 소속의 보건의료기관을 말한다.

제2조(정의) 이 법에서 사용하는 용어의 뜻은 다음과 같다. 〈개정 2025. 3. 18.〉

1. "군인등"이란 「군인사법」 제2조에 따른 군인 및 「군무원인사법」에 따른 군무원을 말한다.

2. "군보건의료"란 군인등의 건강을 보호·증진하기 위하여 국가·지방자치단체·보건의료기관·군보건의료기관 또는 군보건의료인등이 행하는 모든 활동을 말한다.

3. "군보건의료인"이란 관계 법령에서 정하는 바에 따라 자격·면허 등을 취득하거나 군보건의료기관에서 각종 보건의료 행위를 하도록 허용된 사람으로서 대통령령령으로 정하는 사람을 말한다.

4. "군보건의료기관"이란 군병원, 의무대 등 국방부 및 육군·해군·공군 소속의 보건의료기관을 말한다.

5. "군감염병환자등"이란 「감염병의 예방 및 관리에 관한 법률」 제2조제13호부터 제15호까지에 따른 감염병환자, 감염병의사환자 또는 병원체보유자인 군인등을 말한다.

6. "군감염병의심자"란 「감염병의 예방 및 관리에 관한 법률」 제2조제15호의2에 따른 감염병의심자인 군인등을 말한다.

[시행일: 2025. 9. 19.] 제2조

제3조(다른 법률과의 관계) 군인등에 대한 보건의료와 관련하여 다른 법률에 특별한 규정이 있는 경우를 제외하고는 이 법에 따른다.

제4조(국가의 책무) ① 국가는 군인등이 건강한 근 생활을 할 수 있도록 군보건의료에 관한 각종 시책을 마련하여야 한다.

② 국가는 군인등의 건강을 증진하고 각종 질병과 부상을 예방·

치료하기 위한 각종 법적·제도적 장치를 마련하고 이에 필요한 재원을 확보하여야 한다.

제5조(보건의료접근권의 보장) ① 군인등은 자신의 건강을 보호하고 증진하는 데 필요한 최적의 보건의료서비스를 받아야 한다.

② 군보건의료인은 성실하고 친절하게 직무를 수행하여야 하며, 양질의 보건의료서비스를 제공하기 위하여 노력하여야 한다.

③ 군인등의 상급자 및 군보건의료인은 군인등으로부터 진료를 요청받거나 진료가 필요한 군인등이 있는 경우에 적절한 조치를 취하여야 하며, 정당한 사유 없이 진료요청을 거부하거나 기피하여서는 아니 된다.

④ 군인등은 환자진료에 대하여 군보건의료인의 의료행위를 적극 지원하여야 하며, 군보건의료인의 의료행위를 방해하여서는 아니 된다.

⑤ 국방부장관은 군인등의 제1항에 따른 보건의료서비스에 대한 이해를 고취시키기 위하여 대통령령으로 정하는 바에 따라 군인등을 대상으로 보건교육을 실시할 수 있다.

제6조(군보건의료발전계획의 수립·시행) ① 국방부장관은 군보건의료발전계획을 5년마다 수립·시행하여야 한다. 〈개정 2024. 1. 16.〉

② 제1항에 따른 군보건의료발전계획에는 다음 각 호의 사항이 포함되어야 한다.

1. 군보건의료 발전의 기본 목표 및 추진방향
2. 군보건의료인의 양성 및 인력 확보에 관한 사항
3. 군보건의료 발전에 필요한 재원 확보에 관한 사항
4. 그 밖에 군보건의료의 발전에 관한 사항

③ 군보건의료발전계획은 제7조에 따른 군보건의료발전추진위원회의 심의를 거쳐 확정한다.

④ 국방부장관은 군보건의료발전계획에 따라 매년 군보건의료발전시행계획(이하 "시행계획"이라 한다)을 수립·시행하여야 한다. 〈신설 2024. 1. 16.〉

⑤ 국방부장관은 시행계획의 추진상황을 매년 점검·평가하여 다음 군보건의료발전계획을 수립할 때 그 결과를 반영하여야 한다. 〈개정 2024. 1. 16.〉

⑥ 국방부장관이 군보건의료발전계획 및 시행계획을 수립한 때에는 국회 소관 상임위원회에 제출하고 이를 공표하여야 한다. 다만, 군사기밀에 해당하는 사항은 공표하지 아니한다. 〈신설 2024. 1. 16.〉

제7조(군보건의료발전추진위원회) 군보건의료에 관하여 다음 각 호의 사항을 심의하기 위하여 국방부에 군보건의료발전추진위원회(이하 "위원회"라 한다)를 둔다.

1. 군보건의료발전계획의 수립에 관한 사항
2. 군보건의료 정책에 관한 사항
3. 군보건의료 제도 개선에 관한 사항
4. 그 밖에 위원장이 심의에 부치는 사항

제8조(위원회의 구성) ① 위원회는 위원장 1명을 포함하여 12명 이내의 위원으로 구성한다.

② 위원회의 위원장은 국방부차관으로 한다.

③ 당연직 위원은 다음 각 호의 사람으로 한다.

1. 국방부 보건복지관

2. 국군의무사령관

④ 당연직이 아닌 위원은 다음 각 호의 어느 하나에 해당하는 사람 중에서 국방부장관이 임명하거나 위촉한다.

1. 관계 중앙행정기관장이 지명하는 고위공무원단에 속하는 공무원

2. 보건의료에 관한 학식과 경험이 풍부한 사람

⑤ 위원회의 구성·운영과 그 밖에 필요한 사항은 대통령령으로 정한다.

제9조(군보건의료자원의 관리) ① 국방부장관은 군보건의료에 관한 인력, 시설, 물자, 지식 및 기술 등 군보건의료자원을 개발·확보하기 위하여 종합적이고 체계적인 시책을 마련하여야 한다.

② 국방부장관은 군보건의료자원의 장기·단기 수요를 예측하여 군보건의료자원이 적절하게 공급될 수 있도록 군보건의료자원을 관리하여야 한다.

제10조(군보건의료인의 확보) ① 국방부장관은 제9조제1항에 따라 우수한 군보건의료인의 양성과 군보건의료인의 자질 향상을 위하여 필요한 교육을 실시할 수 있다.

② 국방부장관은 제1항에 따른 군보건의료인을 확보하기 위하여 필요한 경우에는 「고등교육법」 제4조에 따라 설립된 의과대학에 위탁하여 군의관을 양성할 수 있다.

③ 군보건의료인의 보수는 민간의료기관의 보수 수준에 준하여 대통령령으로 정한다.

④ 제2항에 따른 위탁 대상자 선발기준, 위탁 방법 및 절차에 관한 사항은 국방부장관이 정한다.

제11조(군응급의료 체계) ① 국가는 군에서 응급환자가 발생하는 경우에는 신속하고 적절한 응급의료서비스를 제공할 수 있도록 하여야 한다.

② 국방부장관은 군의 특수한 상황을 고려하여 다음 각 호의 사항을 포함하는 군응급의료 체계를 구축하는 데 노력하여야 한다.

1. 응급전문인력의 확보
2. 응급환자 후송 역량 강화
3. 응급처치 교육 강화

③ 군보건의료인은 응급상황이 심각하여 적절한 응급의료를 하기에 곤란하다고 판단하는 경우에는 지체 없이 진료가능한 의료기관에 후송하여 진료를 받을 수 있도록 하여야 한다.

제11조의2(군인등의 응급처치) ① 국방부장관이 정한 응급처치 교육을 이수한 군인등은 「응급의료에 관한 법률」 제2조제4호의 응급의료종사자가 아님에도 불구하고 전시·사변이나 그 밖에 이에 준하는 비상사태 하에 있거나 군작전 수행 중 군 복무기간에 한정하여 군 시설 및 군작전지역에서 응급처치를 수행할 수 있다.

② 제1항에 따른 응급처치를 수행하는 군인등에 대한 교육과정 및 응급처치 범위 등에 관하여 필요한 사항은 대통령령으로 정한다.

[본조신설 2022. 2. 3.]

제12조(감염병의 예방 및 관리) ① 국가는 군에서의 감염병(「감염병의 예방 및 관리에 관한 법률」 제2조제1호에 따른 감염병을 말한

다. 이하 같다) 발생과 유행을 방지하고, 그 예방과 관리를 위하여 필요한 시책을 수립·시행하여야 한다. 〈개정 2025. 3. 18.〉

② 국방부장관은 군에서의 감염병의 발생 여부와 실태를 파악하기 위하여 대통령령으로 정하는 바에 따라 실태조사를 실시하고, 이를 제6조에 따른 군보건의료발전계획을 수립하기 위한 기초자료로 활용하여야 한다. 〈개정 2015. 9. 1.〉

③ 국방부장관은 감염병을 예방하기 위하여 대통령령으로 정하는 바에 따라 매년 예방접종계획을 수립하고 필요한 예방접종을 실시하여야 한다. 이 경우 국방부장관은 예방접종 이력의 통합관리를 위하여 「감염병의 예방 및 관리에 관한 법률」 제33조의4제2항 각 호의 자료를 관계 중앙행정기관의 장과 공유하여야 하며, 공유의 절차, 방법 등 그 밖에 필요한 사항은 대통령령으로 정한다. 〈개정 2019. 4. 23., 2020. 8. 11., 2025. 3. 18.〉

④ 국방부장관은 감염병이 발생하여 유행할 우려가 있다고 인정하면 지체 없이 역학조사반을 설치하고 역학조사를 하여야 한다. 이 경우 역학조사의 내용과 시기·방법 및 역학조사반의 구성·임무 등에 필요한 사항은 대통령령으로 정한다. 〈신설 2015. 9. 1.〉

제12조의2(군감염병관리정보시스템) ① 국방부장관은 군에서의 감염병 예방·관리·치료 업무에 필요한 각종 자료 또는 정보의 효율적 처리와 기록·관리 업무의 전산화를 위하여 군감염병환자등, 군감염병의심자, 군보건의료인, 의약품, 장비 및 시설 등을 관리하는 시스템(이하 "군감염병관리정보시스템"이라 한다)을 구축·운영할 수 있다.

② 국방부장관은 군감염병관리정보시스템을 구축·운영하기 위하여 다음 각 호의 자료를 수집·관리·보유·처리할 수 있으며, 관련 기관 및 단체에 필요한 자료의 입력 또는 제출을 요청할 수 있다. 이 경우 자료의 입력 또는 제출을 요청받은 기관 및 단체는 정당한 사유가 없으면 이에 따라야 한다.

1. 군감염병환자등·군감염병의심자의 성명, 주민등록번호 및 전화번호(휴대전화번호를 포함한다) 등 인적사항

2. 「감염병의 예방 및 관리에 관한 법률」 제11조부터 제14조까지에 따른 신고, 보고 및 통보를 통하여 수집된 자료(군감염병환자등·군감염병의심자와 관련된 자료로 한정한다)

3. 군감염병환자등·군감염병의심자의 감염병에 대한 치료내용 및 예방접종 내역

4. 그 밖에 군감염병환자등·군감염병의심자에 대한 예방·관리·치료 업무에 필요한 자료로서 대통령령으로 정하는 자료

③ 군감염병관리정보시스템은 다음 각 호의 정보시스템과 전자적으로 연계하여 활용할 수 있다. 이 경우 연계를 통하여 수집할 수 있는 자료 또는 정보는 군감염병환자등·군감염병의심자에 대한 예방·관리·치료 업무를 위한 것으로 한정한다.

1. 「감염병의 예방 및 관리에 관한 법률」 제33조의4에 따른 예방접종통합관리시스템

2. 「감염병의 예방 및 관리에 관한 법률」 제40조의5에 따른 감염병관리통합정보시스템

3. 「검역법」 제29조의2에 따른 검역정보시스템

4. 그 밖에 대통령령으로 정하는 정보시스템

④ 제1항부터 제3항까지에 따른 정보의 보호 및 관리에 관한 사항은 이 법에 규정된 것을 제외하고는 「개인정보 보호법」 및 「공공기관의 정보공개에 관한 법률」을 따른다.

⑤ 군감염병관리정보시스템의 구축·운영 및 감염병 관련 정보의 요청 방법 등에 관하여 필요한 사항은 대통령령으로 정한다.

[본조신설 2025. 3. 18.]

[시행일: 2025. 9. 19.] 제12조의2

제13조(다른 의료기관과의 상호 협력) ① 군보건의료기관의 장은 필요한 경우 「의료법」에 따른 의료기관에 환자의 치료 등을 의뢰하거나 위탁할 수 있다.

② 군보건의료기관은 군인등의 건강관리와 질병의 예방 및 치료를 위하여 「의료법」에 따른 의료기관과 협약을 체결하는 등 상호 협력 체계를 구축할 수 있다.

③ 군병원과 민간의료기관 간 군보건의료 인력의 배치, 환자의 진료 등 상호 협력의 구체적인 내용은 국방부장관이 정한다.

제14조(민간의료자문단의 운영) ① 국방부장관은 군보건의료에 관한 의료활동이나 의료업무의 전문적·기술적 자문을 위하여 관련 전문가로 구성된 민간의료자문단을 운영할 수 있다.

② 제1항에 따른 민간의료자문단의 구성 및 운영에 필요한 사항은 대통령령으로 정한다.

제15조(군의료전문연구기관의 설치) ① 국방부장관은 의료정책이나 특수의학 연구 및 개발, 역학조사, 보건교육 등을 수행하게 하기 위

하여 군의료전문연구기관을 둘 수 있다.

② 제1항에 따른 군의료전문연구기관의 설치 및 운영에 관한 사항은 대통령령으로 정한다.

제16조(건강검진) ① 국방부장관은 군인등의 건강을 보호하고 질병을 예방하기 위하여 군인등이 전역 또는 퇴직하기 전까지 1회 이상의 건강검진을 실시하여야 한다. 다만, 「국민건강보험법」 제52조에 따른 건강검진의 실시 대상이 되는 군인등에 대하여는 그러하지 아니하다. 〈개정 2014. 3. 11.〉

② 제1항에 따른 건강검진의 대상 및 항목과 실시 시기에 필요한 사항은 대통령령으로 정한다.

제16조의2(정신건강 실태조사) ① 국방부장관은 군인등의 정신건강 상태를 파악하기 위하여 정기적으로 실태조사를 실시하여야 한다.

② 제1항에 따른 정신건강 실태조사의 대상, 시기, 방법, 절차, 그 밖에 필요한 사항은 대통령령으로 정한다.

[본조신설 2014. 3. 11.]

제17조(군보건의료의 통계·정보 관리) 국방부장관은 군보건의료 정책에 활용할 수 있도록 군보건의료에 관한 통계와 정보를 수집·관리하여야 한다.

제18조(진료기록부의 작성) 군보건의료인은 환자 진료 시 진료기록을 작성하여야 하며, 진료기록의 작성방법은 국방부장관이 정한다.

제19조(군인등 외의 사람에 대한 진료) ① 국방부장관은 군인등의 진료에 차질이 없는 범위에서 군인등 외의 사람에게도 군보건의료기관에서 진료하게 할 수 있다.

② 제1항에 따른 진료의 대상 및 범위 등에 관하여는 국방부장관이 정한다.

제19조의2(군장례식장의 위생관리기준 등) 국방부장관은 군보건의료기관에 장례의식을 하는 장소(이하 “군장례식장”이라 한다)를 설치·운영할 수 있다. 이 경우 대통령령으로 달리 정하는 사항을 제외하고는 「장사 등에 관한 법률」 제29조제1항 및 제2항에 따른 시설·설비 및 안전기준과 위생관리기준을 적용한다.

[본조신설 2017. 11. 28.]

제20조(벌칙) 제5조제3항 또는 제4항을 위반하여 진료를 거부 또는 기피한 군인등의 상급자 및 군보건의료인, 의료행위를 방해한 군인등은 1년 이하의 징역 또는 1천만원 이하의 벌금에 처한다. 〈개정 2014. 5. 9.〉

부칙 〈제11389호, 2012. 3. 21.〉

제1조(시행일) 이 법은 공포 후 6개월이 경과한 날부터 시행한다.

제2조(다른 법률의 개정) 군인복지기본법 일부를 다음과 같이 개정한다.

제12조 및 제13조를 각각 삭제한다.

부칙 〈제12399호, 2014. 3. 11.〉

이 법은 공포 후 3개월이 경과한 날부터 시행한다.

부칙 〈제12554호, 2014. 5. 9.〉

이 법은 공포 후 3개월이 경과한 날부터 시행한다.

부칙 〈제13502호, 2015. 9. 1.〉

이 법은 공포 후 3개월이 경과한 날부터 시행한다.

부칙 〈제15047호, 2017. 11. 28.〉

제1조(시행일) 이 법은 공포 후 6개월이 경과한 날부터 시행한다.

제2조(군장례식장의 시설·설비 및 안전기준과 위생관리기준에 관한 경과조치) 국방부장관은 이 법 시행 당시 설치·운영 중인 군장례식장에 대하여 이 법 시행 후 1년 이내에 제19조의2의 개정규정에 따른 시설·설비 및 안전기준과 위생관리기준을 갖추어야 한다.

부칙 〈제16351호, 2019. 4. 23.〉

이 법은 공포 후 6개월이 경과한 날부터 시행한다.

부칙 〈제17472호, 2020. 8. 11.〉 (정부조직법)

제1조(시행일) 이 법은 공포 후 1개월이 경과한 날부터 시행한다. 다만, ···〈생략〉···, 부칙 제4조에 따라 개정되는 법률 중 이 법 시행 전에 공포되었으나 시행일이 도래하지 아니한 법률을 개정한 부분은 각각 해당 법률의 시행일부터 시행한다.

제2조 및 제3조 생략

제4조(다른 법률의 개정) ① 및 ② 생략

③ 군보건의료에 관한 법률 일부를 다음과 같이 개정한다.

제12조제3항 후단 중 “관계 중앙행정기관(질병관리본부를 포함한다)”을 “관계 중앙행정기관”으로 한다.

④부터 ㉝까지 생략

제5조 생략

부칙 〈제18802호, 2022. 2. 3.〉

이 법은 공포 후 6개월이 경과한 날부터 시행한다.

부칙 〈제20014호, 2024. 1. 16.〉

제1조(시행일) 이 법은 공포 후 6개월이 경과한 날부터 시행한다.

제2조(시행계획의 수립에 관한 적용례) 제6조제4항의 개정규정은 이 법 시행일이 속한 연도의 다음 연도부터 적용한다.

제3조(군보건의료발전계획 및 시행계획 제출 및 공표에 관한 적용례) 제6조제6항의 개정규정은 이 법 시행 이후 수립하는 군보건의료발전계획 및 시행계획부터 적용한다.

부칙 〈제20800호, 2025. 3. 18.〉

이 법은 공포 후 6개월이 경과한 날부터 시행한다. 다만, 제12조제1항 및 제3항의 개정규정은 공포한 날부터 시행한다.

군보건의료에 관한 법률 시행령
(약칭 : 군보건의료법 시행령)

[시행 2025. 2. 25.] [대통령령 제35286호, 2025. 2. 25., 일부개정]

제1조(목적)
제2조(군보건의료인)
제3조(군인등에 대한 보건교육)
제4조(군보건의료발전추진위원회의 구성)
제5조(군보건의료발전추진위원회의 운영)
제5조의2(진료업무보조비의 지급)
제5조의3(군응급의료기구의 설치)
제5조의4(군 응급처치 교육과정 등)
제6조(감염병의 실태조사)
제7조(예방접종계획의 수립 등)
제7조의2(예방접종 이력의 공유 절차 및 방법 등)
제7조의3(역학조사의 내용과 시기 및 방법)
제7조의4(역학조사반의 구성 및 임무)
제8조(민간의료자문단 구성 등)
제9조(군의료전문연구기관의 업무 수행)
제10조(건강검진)
제11조(정신건강 실태조사의 대상 · 시기 등)
제12조(군장례식장의 위생관리기준 등)
제13조(현역병 등의 민간의료기관 진료비 지원)
제14조(민감정보 및 고유식별정보의 처리)

**개정 예정 법률 밑줄 별도 표시.

군보건의료에 관한 법률 시행령
(약칭 : 군보건의료법 시행령)

[시행 2025. 2. 25.] [대통령령 제35286호, 2025. 2. 25., 일부개정]

제1조(목적) 이 영은 「군보건의료에 관한 법률」에서 위임된 사항과 그 시행에 필요한 사항을 규정함을 목적으로 한다.

제2조(군보건의료인) 「군보건의료에 관한 법률」(이하 "법"이라 한다) 제2조제3호에서 "대통령령으로 정하는 사람"이란 다음 각 호의 어느 하나에 해당하는 자격을 갖춘 사람으로서 군보건의료기관에서 의료업무에 종사하는 현역의 장교 · 준사관(準士官) · 부사관(副士官) · 병(兵) · 군무원 또는 군보건의료기관에서 의료업무에 종사하는 「의료법」 제2조에 따른 의료인을 말한다. 〈개정 2015. 9. 22., 2022. 12. 6.〉

1. 「의료법」 제2조에 따른 의료인 또는 같은 법 제80조에 따른 간호조무사
2. 「약사법」 제2조제2호에 따른 약사
3. 「의료기사 등에 관한 법률」 제1조의2제1호에 따른 의료기사
4. 「응급의료에 관한 법률」 제36조에 따른 응급구조사

제3조(군인등에 대한 보건교육) 법 제5조제5항에 따른 보건교육에는

다음 각 호의 사항이 포함되어야 한다.

1. 금연 · 절주(節酒) 등 건강생활의 실천에 관한 사항
2. 영양 및 식생활에 관한 사항
3. 정신건강관리에 관한 사항
4. 구강건강에 관한 사항
5. 감염병 예방 및 관리에 관한 사항
6. 응급환자 발생 시 조치 방법 및 절차에 관한 사항

제4조(군보건의료발전추진위원회의 구성) ① 법 제8조제4항제1호에 따른 관계 중앙행정기관장은 다음 각 호와 같다. 〈개정 2013. 3. 23., 2014. 11. 19., 2017. 7. 26.〉

1. 기획재정부장관
2. 교육부장관
3. 행정안전부장관
4. 보건복지부장관
5. 그 밖에 국방부장관이 군보건의료와 관련하여 필요하다고 인정하는 관계 중앙행정기관의 장

② 법 제8조제4항제2호에 따른 위원의 임기는 2년으로 하며, 한 차례만 연임할 수 있다.

제5조(군보건의료발전추진위원회의 운영) ① 법 제7조에 따른 군보건의료발전추진위원회(이하 "위원회"라 한다)의 위원장(이하 "위원장"이라 한다)은 위원회를 대표하고, 위원회의 업무를 총괄한다.

② 위원장이 부득이한 사유로 직무를 수행할 수 없을 대에는 당연직 위원 중 국방부 보건복지관, 국군의무사령관의 순으로 그 직무

를 대행하며, 위원장과 당연직 위원이 모두 부득이한 사유로 직무를 수행할 수 없을 때에는 위원장이 미리 지명한 위원이 그 직무를 대행한다.

③ 위원장은 위원회의 회의를 소집하고 그 의장이 된다.

④ 위원장은 위원회를 소집하려면 회의의 일시·장소 및 심의 안건을 정하여 회의 개최일 7일 전까지 각 위원에게 서면으로 통지하여야 한다. 다만, 긴급한 사유가 있는 경우에는 그러하지 아니하다.

⑤ 위원회의 회의는 위원장을 포함한 재적위원 과반수의 출석으로 개의(開議)하고, 출석위원 과반수의 찬성으로 의결한다.

⑥ 위원회는 직무를 수행하기 위하여 필요하다고 인정하는 경우에는 관계 공무원 또는 전문가를 회의에 참석하게 하여 의견을 들을 수 있다.

⑦ 위원회의 회의에 출석하는 위원 또는 전문가 등에게는 예산의 범위에서 수당과 여비를 지급할 수 있다. 다만, 공무원인 위원 또는 관계 공무원이 그 소관 업무와 직접 관련하여 출석하는 경우에는 그러하지 아니하다.

⑧ 제1항부터 제7항까지에서 규정한 사항 외에 위원회 운영에 필요한 사항은 위원회의 의결을 거쳐 위원장이 정한다.

제5조의2(진료업무보조비의 지급) ① 국방부장관은 제2조제1호에 따른 군보건의료인 중 다음 각 호의 어느 하나에 해당하는 사람에 대해서는 예산의 범위에서 진료 실적에 따른 진료업무보조비를 지급할 수 있다.

1. 「군인사법」 제6조제2항제1호 또는 제3호에 따라 임용된 장기

복무 장교 중 「의료법」 제77조제1항에 따른 전문의 자격(이하 "전문의 자격"이라 한다)을 취득한 사람

2. 「군인사법」 제6조제3항제2호 또는 제3호에 따라 임용된 단기복무 장교 중 다음 각 목의 요건을 모두 갖춘 사람

가. 삭제 〈2025. 2. 25.〉

나. 전문의 자격을 취득한 사람

다. 임용 후 3년(군 복무 중 전문의 자격을 취득하기 위한 수련기간은 제외한다)을 초과하여 복무한 사람

② 국방부장관은 제1항에 따라 진료업무보조비를 지급받은 사람이 다음 각 호의 어느 하나에 해당하는 경우에는 지급된 진료업무보조비를 환수해야 한다.

1. 거짓이나 그 밖의 부정한 방법으로 진료업무보조비를 지급받은 경우

2. 그 밖에 잘못 지급된 경우

③ 제1항에서 규정한 사항 외에 진료업무보조비 지급기준 등 진료업무보조비의 지급에 필요한 사항은 국방부장관이 정한다.

[본조신설 2019. 1. 22.]

제5조의3(군응급의료기구의 설치) 국방부장관은 국군의무사령부 및 「국군의무사령부령」 제6조제2항에 따라 국군의무사령부 소속으로 설치된 병원에 법 제11조의 업무를 효율적으로 수행하기 위한 기구를 설치할 수 있다.

[본조신설 2025. 2. 25.]

[종전 제5조의3은 제5조의4로 이동 〈2025. 2. 25.〉]

제5조의4(군 응급처치 교육과정 등) ① 법 제11조의2제1항에 따른 응급처치를 수행하려는 군인등은 다음 각 호의 어느 하나에 해당하는 응급처치 교육과정을 이수해야 한다.

1. 국군의무학교에서 시행하는 응급처치 교육과정
2. 각 군에서 시행하는 응급처치 교육과정
3. 그 밖에 국방부장관이 인정하는 응급처치 교육과정

② 법 제11조의2제1항에 따른 응급처치의 구체적인 범위는 다음 각 호와 같다.

1. 구강 내 이물질의 제거
2. 기도 유지
3. 기본 심폐소생술
4. 산소투여
5. 사지 및 척추 등의 고정
6. 외부출혈의 지혈 및 창상(創傷)의 응급처치
7. 심박 · 체온 및 혈압 등의 측정
8. 혈압의 유지
9. 자동심장충격기를 이용한 규칙적 심박동 유도
10. 환자운반
11. 그 밖에 「응급의료에 관한 법률」에 따른 응급처치 중 국방부장관이 필요하다고 인정하는 응급처치

③ 국방부장관은 제1항에 따른 응급처치 교육과정의 개설 · 운영에 관하여 보건복지부장관과 미리 협의해야 한다.

[본조신설 2022. 8. 2.]

[제5조의3에서 이동 〈2025. 2. 25.〉]

제6조(감염병의 실태조사) ① 법 제12조제2항에 따른 실태조사(이하 “실태조사”라 한다)에는 다음 각 호의 사항이 포함되어야 한다.

1. 군에서의 감염병 발생 현황, 유행 양상 및 역학조사 결과

2. 군에서의 감염병 환자에 대한 진료 정보

3. 그 밖에 군에서의 감염병 발생 여부와 그 실태를 파악하기 위하여 국방부장관이 필요하다고 인정하는 사항

② 국방부장관은 실태조사를 2년에 1회 이상 실시하여야 한다.

③ 제1항과 제2항에서 규정한 사항 외에 실태조사에 필요한 사항은 국방부장관이 정한다.

제7조(예방접종계획의 수립 등) ① 법 제12조제3항에 따른 예방접종 계획(이하 “예방접종계획”이라 한다)에는 다음 각 호의 사항이 포함되어야 한다.

1. 예방접종의 시기 및 종류

2. 예방접종을 받을 군인등의 범위

3. 예방접종 실시에 따른 사후 관리계획

② 국방부장관은 매년 3월 31일까지 해당 연도의 예방접종계획을 수립하고 이를 각 군에 알려야 한다.

제7조의2(예방접종 이력의 공유 절차 및 방법 등) ① 법 제12조제3항 후단에 따른 국방부장관과 관계 중앙행정기관의 장 간의 자료(이하 “예방접종 이력”이라 한다) 공유 절차와 방법은 다음 각 호의 구분에 따른다. 〈개정 2020. 9. 11.〉

1. 국방부가 보유한 군인등의 예방접종 이력: 국방부장관이 관계

중앙행정기관의 장에게 예방접종일부터 14일 이내에 「정보통신망 이용촉진 및 정보보호 등에 관한 법률」에 따른 정보통신망을 이용한 전자문서를 전송하여 공유

2. 관계 중앙행정기관이 보유한 다음 각 목의 어느 하나에 해당하는 사람의 예방접종 이력: 관계 중앙행정기관의 장이 국방부장관에게 다음 각 목의 구분에 따른 날의 전날까지 「정보통신망 이용촉진 및 정보보호 등에 관한 법률」에 따른 정보통신망을 이용한 전자문서를 전송하여 공유

가. 「병역법」 제2조제3호에 따른 입영의 대상자(나목에 따른 군간부후보생은 제외한다)로서 국방부장관과 관계 중앙행정기관의 장이 협의하여 정하는 사람: 입영일(소집일을 포함한다)

나. 「병역법」 제2조제4호에 따른 군간부후보생으로 선발된 사람: 군사교육기관이나 군부대 등에서의 군사교육 일정 등을 고려하여 국방부장관과 관계 중앙행정기관의 장이 협의하여 정하는 날

② 국방부장관은 예방접종 이력을 관리하기 위하여 국방의료정보시스템을 구축·운영할 수 있다.

[본조신설 2019. 10. 22.]

[종전 제7조의2는 제7조의3으로 이동 〈2019. 10. 22.〉]

제7조의3(역학조사의 내용과 시기 및 방법) ① 법 제12조제4항에 따른 역학조사(이하 "역학조사"라 한다)에 포함되어야 하는 내용은 다음 각 호와 같다.

1. 감염병 환자의 인적 사항

2. 감염병 환자의 발병일 및 발병 장소

3. 감염병의 감염원인 및 감염경로

4. 감염병 환자에 관한 진료기록

5. 그 밖에 감염병의 원인 규명과 관련된 사항

② 역학조사를 실시하여야 하는 시기는 다음 각 호와 같다. 〈개정 2025. 2. 25.〉

1. 군부대등[국방부, 각 군(해병대를 포함한다), 합동참도본부 및 「국군조직법」 제2조제3항에 따른 합동부대와 기관을 말한다. 이하 같다] 안에서 감염병이 발생하여 유행할 우려가 있는 경우

2. 군부대등 밖에서 감염병이 발생하여 유행할 우려가 있는 경우로서 그 감염병이 군부대등과 역학적 연관성이 있다고 의심되는 경우

③ 역학조사의 방법에 관하여는 「감염병의 예방 및 관리에 관한 법률 시행령」 별표 1의3 제1호를 준용한다. 이 경우 "질병관리청장"은 "국방부장관"으로 본다. 〈개정 2020. 9. 11.〉

[본조신설 2015. 11. 30.]

[제7조의2에서 이동, 종전 제7조의3은 제7조의4로 이동 〈2019. 10. 22.〉]

제7조의4(역학조사반의 구성 및 임무) ① 법 제12조제4항에 따라 역학조사반을 설치하는 경우에는 다음 각 호의 구분에 따른다.

1. 중앙역학조사반: 국방부에 설치

2. 군역학조사반: 각 군 본부 및 국군의무사령부에 설치

3. 부대역학조사반: 다음 각 목의 부대 · 기관[「국근조직법」 제2조제3항에 따른 합동부대와 기관 및 각 군(해병대를 포함한다) 소속으로 설치된 부대와 기관을 말한다. 이하 이 조에서 같다]에 설치

가. 부대 · 기관의 군보건의료기관

나. 식품위생검사, 수질검사 및 방역업무를 담당하는 부대 · 기관 등 국방부장관이 필요하다고 인정하는 부대 · 기관

② 역학조사반의 구성은 다음 각 호의 구분에 따른다.

1. 중앙역학조사반: 반장 1명을 포함한 20명 이내의 반원

2. 군역학조사반: 반장 1명을 포함한 10명 이내의 반원

3. 부대역학조사반: 반장 1명을 포함한 10명 이내의 반원

③ 역학조사반의 반장 및 반원은 다음 각 호의 구분에 따른 사람이 제5항에 따른 역학조사관 중에서 각각 임명한다. 다만, 임명권자가 역학조사를 위해 필요하다고 인정하는 경우에는 제5항에도 불구하고 같은 항 각 호에 해당하지 않는 군인등을 반원으로 임명할 수 있다.

1. 중앙역학조사반: 국방부장관

2. 군역학조사반: 각 군 참모총장 및 국군의무사령관

3. 부대역학조사반: 부대 · 기관의 장

④ 역학조사반의 임무는 다음 각 호와 같다.

1. 중앙역학조사반

가. 역학조사 계획의 수립, 시행 및 평가

나. 역학조사의 실시 기준 및 방법의 개발

다. 군역학조사반 및 부대역학조사반에 대한 기술지도

2. 군역학조사반

가. 각 군(해병대를 포함한다. 이하 이 호에서 같다) 또는 국군의무사령부 역학조사 계획의 수립, 시행 및 평가

나. 각 군 또는 국군의무사령부 역학조사의 세부 실시 기준 및 방법의 개발

다. 국방부(중앙역학조사반이 설치된 경우에는 중앙역학조사반을 말한다)에 각 군 및 국군의무사령부 역학조사 결과(예하 부대·기관의 역학조사 결과를 포함한다)의 보고

라. 국군의무사령부(군역학조사반이 설치된 경우에는 해당 군역학조사반을 말한다)에 각 군 역학조사 결과(예하 부대·기관의 역학조사 결과를 포함한다)의 공유

마. 부대역학조사반에 대한 기술지도

3. 부대역학조사반

가. 관할 부대·기관 역학조사 계획의 수립 및 시행. 다만, 감염병의 발생 및 유행을 방지하기 위하여 필요한 경우로서 다음의 어느 하나에 해당하는 경우에는 관할 부대·기관이 아닌 부대·기관을 포함하여 역학조사 계획을 수립 및 시행할 수 있다.

1) 다른 부대·기관의 장과 협의한 경우

2) 다른 부대·기관에서 발생한 감염병이 관할 부대·기관의 감염병 발생과 역학적 연관성이 있다고 의심되는 경우로서 관할 부대·기관과 다른 부대·기관을 모두 관할하는 상급 부대·기관의 장(각 군 참모총장 및 국방부장관을 포함한다)이 필요하다고 인정하는 경우

나. 각 군 본부 및 국군의무사령부(군역학조사반이 설치된 경우에는 해당 군역학조사반을 말한다)에 부대·기관 역학조사의 결과 보고

⑤ 국방부장관, 각 군 참모총장, 국군의무사령관 및 부대ㆍ기관의 장은 역학조사반을 구성하는 경우에는 다음 각 호의 어느 하나에 해당하는 사람 중에서 역학조사관을 임명해야 한다.

1. 방역, 역학조사 또는 예방접종 업무를 담당하는 군인등

2. 제2조제1호 또는 제2호의 자격을 갖춘 군보건의료인

3. 「수의사법」 제2조제1호에 따른 수의사인 군인등

[전문개정 2025. 2. 25.]

제8조(민간의료자문단 구성 등) ① 법 제14조제1항에 따른 민간의료자문단(이하 "자문단"이라 한다)은 다음 각 호의 어느 하나에 해당하는 사람으로 구성한다.

1. 대학에서 보건의료 분야의 조교수 이상으로 재직 중인 사람

2. 정부 또는 지방자치단체가 출연한 연구기관에 소속된 박사학위 소지자로서 보건의료에 관한 전문지식이 있는 사람

3. 보건의료 분야에서 5년 이상 실무에 종사한 경험이 있는 사람

4. 그 밖에 보건의료에 관한 전문지식과 경험이 풍부하다고 인정되는 사람

② 자문단은 다음 각 호의 사항에 관하여 국방부장관의 자문에 응한다.

1. 법 제6조에 따른 군보건의료발전계획(이하 "군보건의료발전계획"이라 한다)의 수립ㆍ시행과 관련된 사항

2. 군보건의료발전계획의 연간 추진실적의 평가와 관련된 사항

3. 그 밖에 군보건의료에 관한 전문적ㆍ기술적 사항으로서 국방부장관이 필요하다고 인정하는 사항

③ 제2항에 따라 자문에 응한 관련 전문가에게는 예산의 범위에서 수당과 여비를 지급할 수 있다.

④ 제1항부터 제3항까지에서 규정한 사항 외에 자문단의 운영에 필요한 사항은 국방부장관이 정한다.

제9조(군의료전문연구기관의 업무 수행) 법 제15조에 따른 의료정책이나 특수의학 연구 및 개발, 역학조사, 보건교육 등의 업무는 「국군의무사령부령」 제6조제2항에 따라 국군의무사령부에 설치된 의학연구소에서 수행한다.

제10조(건강검진) ① 법 제16조에 따른 건강검진은 필수검진과 임의검진으로 구분한다.

② 제1항에 따른 필수검진(이하 "필수검진"이라 한다)의 대상별 실시 시기는 다음 각 호와 같다.

1. 현역병: 상병 진급예정일 3개월 전부터 상병 진급일 후 3개월까지의 기간

2. 현역병을 제외한 군인등: 대상별로 복무기간 등 근무조건의 특성을 고려하여 국방부장관이 정하는 기간

③ 필수검진에는 다음 각 호의 항목이 포함되어야 한다.

1. 신체 계측, 혈압 및 시력·청력 측정

2. 흉부방사선 촬영, 소변검사 및 혈액검사

3. 구강검진

4. 그 밖에 군인등의 근무 환경, 나이, 성별 등을 고려하여 국방부장관이 필요하다고 인정하는 항목

④ 필수검진은 사단급 부대의 의무대 또는 군병원 등에서 실시하

되, 필수검진 결과 군의관이 정밀검사가 필요하다고 인정한 사람에 대해서는 군병원에서 다시 검사해야 한다. 〈개정 2025. 2. 25.〉

⑤ 제1항부터 제4항까지에서 규정한 사항 외에 필수검진과 제1항에 따른 임의검진에 필요한 세부적인 사항은 국방부장관이 정한다.

제11조(정신건강 실태조사의 대상ㆍ시기 등) ① 법 제16조의2에 따른 정신건강 실태조사(이하 "정신건강 실태조사"라 한다)는 정기조사와 수시조사로 구분하여 실시한다.

② 제1항에 따른 정기조사는 매년 복무 중인 군인등을 대상으로 표본조사를 원칙으로 실시하되, 필요한 경우에는 전수조사로 실시할 수 있다.

③ 제1항에 따른 수시조사는 필요시 국방부장관이 그 대상과 시기 등을 정하여 실시할 수 있다.

④ 정신건강 실태조사에는 군 정신건강의학과 전문의가 참여하여 정신건강 상태의 유형 및 정도 등에 대하여 실시한다.

⑤ 정신건강 실태조사의 방법은 다음 각 호와 같다.

1. 부대 방문 등에 의한 설문조사
2. 국방의료정보체계 등 관련 정보관리시스템에 의한 자료조사

⑥ 제1항부터 제5항까지에서 규정한 사항 외에 정신건강 실태조사에 필요한 사항은 국방부장관이 정한다.

[본조신설 2014. 6. 11.]

제12조(군장례식장의 위생관리기준 등) 법 제19조의2 후단에서 "대통령령으로 달리 정하는 사항"이란 다음 각 호의 사항을 말한다.

1. 군장례식장은 사무실, 직원 휴게실 등 장례식장을 총괄 관리할

수 있는 시설 및 직원을 위한 편의시설을 별도로 두지 아니할 수 있다.

2. 군장례식장은 예비용 빈소를 두지 아니할 수 있다. 이 경우 감염병으로 사망한 군인등의 경우에 감염병 예방을 위한 위생여건이 갖추어진 군장례식장으로 이송하여 시신의 보관·안치·염습·운구 및 장례의식을 할 수 있다.

[본조신설 2018. 5. 15.]

제13조(현역병 등의 민간의료기관 진료비 지원) ① 국방부장관은 다음 각 호의 어느 하나에 해당하는 사람이 교육훈련 또는 업무수행 등으로 질병에 걸리거나 상해를 입어 교육·수련 또는 복무기간 중 「의료법」 제3조에 따른 의료기관 중 군보건의료기관이 아닌 의료기관의 진료를 받은 경우에는 그 비용의 일부를 예산의 범위에서 지원할 수 있다.

1. 「병역법」 제2조제1항제4호에 따른 군간부후보생

2. 「병역법」 제2조제1항제8호에 따른 상근예비역

3. 「병역법」 제5조제1항제1호가목에 따른 현역병

② 제1항에 따른 지원을 받으려는 사람은 진료 사실·내용 및 비용을 확인할 수 있는 서류를 진료받은 날부터 3년 이내에 국방부장관에게 제출해야 한다.

③ 제1항 및 제2항에서 규정한 사항 외에 지원의 방법 및 절차 등에 관하여 필요한 사항은 국방부장관이 정한다.

[전문개정 2025. 2. 25.]

제14조(민감정보 및 고유식별정보의 처리) 국방부장관은 제13조에

따른 진료비 지원에 관한 업무를 수행하기 위하여 불가피한 경우 「개인정보 보호법」 제23조에 따른 민감정보 중 건강에 관한 정보 및 같은 법 시행령 제19조제1호에 따른 주민등록번호가 포함된 자료를 처리할 수 있다. 〈개정 2025. 2. 25.〉

[본조신설 2020. 10. 27.]

[제목개정 2025. 2. 25.]

부칙 〈제24114호, 2012. 9. 21.〉

제1조(시행일) 이 영은 2012년 9월 22일부터 시행한다.

제2조(필수검진 실시에 관한 적용례) ① 제10조제2항제1호에 따라 현역병을 대상으로 실시하는 최초의 필수검진은 2013년 1월 1일부터 실시한다.

② 제10조제2항제1호에 따른 필수검진은 2013년 1월 1일 이후에 상병으로 진급하는 현역병부터 적용한다.

③ 제2항에도 불구하고 국방부장관은 2013년 1월 1일 이전에 이미 상병으로 진급한 사람에 대해서도 남은 의무 복무기간 등을 고려하여 국방부장관이 정하는 바에 따라 필수검진을 실시할 수 있다.

제3조(다른 법령의 개정) 군인복지기본법 시행령 일부를 다음과 같이 개정한다.

제10조를 삭제한다.

부칙 〈제24413호, 2013. 3. 23.〉 (국방부와 그 소속기관 직제)

제1조(시행일) 이 영은 공포한 날부터 시행한다.

제2조 생략

제3조(다른 법령의 개정) ①부터 ⑨까지 생략

⑩ 군보건의료에 관한 법률 시행령 일부를 다음과 같이 개정한다.

제4조제1항제2호 및 제3호를 각각 다음과 같이 한다.

2. 교육부장관

3. 안전행정부장관

⑪부터 ㉜까지 생략

부칙 〈제25378호, 2014. 6. 11.〉

이 영은 2014년 6월 12일부터 시행한다.

부칙 〈제25751호, 2014. 11. 19.〉 (행정자치부와 그 소속기관 직제)

제1조(시행일) 이 영은 공포한 날부터 시행한다. 다만, 부칙 제5조에 따라 개정되는 대통령령 중 이 영 시행 전에 공포되었으나 시행일이 도래하지 아니한 대통령령을 개정한 부분은 각각 해당 대통령령의 시행일부터 시행한다.

제2조 부터 제4조까지 생략

제5조(다른 법령의 개정) ①부터 〈86〉까지 생략

〈87〉 군보건의료에 관한 법률 시행령 일부를 다음과 같이 개정한다.

제4조제1항제3호를 다음과 같이 한다.

3. 행정자치부장관

〈88〉부터 〈418〉까지 생략

부칙 〈제26536호, 2015. 9. 22.〉
이 영은 공포한 날부터 시행한다.

부칙 〈제26672호, 2015. 11. 30.〉
이 영은 2015년 12월 2일부터 시행한다.

부칙 〈제28211호, 2017. 7. 26.〉 (행정안전부와 그 소속기관 직제)
제1조(시행일) 이 영은 공포한 날부터 시행한다. 다만, 부칙 제8조에 따라 개정되는 대통령령 중 이 영 시행 전에 공포되었으나 시행일이 도래하지 아니한 대통령령을 개정한 부분은 각각 해당 대통령령의 시행일부터 시행한다.
제2조 부터 제7조까지 생략
제8조(다른 법령의 개정) ①부터 〈78〉까지 생략
〈79〉 군보건의료에 관한 법률 시행령 일부를 다음과 같이 개정한다.
제4조제1항제3호를 다음과 같이 한다.
3. 행정안전부장관
〈80〉부터 〈388〉까지 생략

부칙 〈제28882호, 2018. 5. 15.〉

이 영은 2018년 5월 29일부터 시행한다.

부칙 〈제29497호, 2019. 1. 22.〉

이 영은 공포한 날부터 시행한다.

부칙 〈제30135호, 2019. 10. 22.〉

제1조(시행일) 이 영은 2019년 10월 24일부터 시행한다.

제2조(국방부가 보유한 예방접종 이력의 공유에 관한 적용례) 제7조의2제1항제1호의 개정규정은 이 영 시행 이후 예방접종을 실시하는 군인등의 예방접종 이력부터 적용한다.

제3조(관계 중앙행정기관이 보유한 예방접종 이력의 공유에 관한 적용례) 제7조의2제1항제2호의 개정규정은 이 영 시행 이후 같은 호 각 목의 개정규정에 해당하게 되는 사람의 예방접종 이력부터 적용한다.

부칙 〈제31013호, 2020. 9. 11.〉 (보건복지부와 그 소속기관 직제)

제1조(시행일) 이 영은 2020년 9월 12일부터 시행한다.

제2조 생략

제3조(다른 법령의 개정) ① 및 ② 생략

③ 군보건의료에 관한 법률 시행령 일부를 다음과 같이 개정한다.

제7조의2제1항 각 호외의 부분 중 "관계 중앙행정기관(질병관리본부를 포함한다. 이하 같다)"을 "관계 중앙행정기관"으로 한다.

제7조의3제3항 전단 중 "「감염병의 예방 및 관리에 관한 법률 시행령」 별표 1 제1호"를 "「감염병의 예방 및 관리에 관한 법률 시행령」 별표 1의3 제1호"로 하고, 같은 항 후단 중 "질병관리본부장"을 "질병관리청장"으로 한다.

④부터 ㉜까지 생략

부칙 〈제31122호, 2020. 10. 27.〉

이 영은 공포한 날부터 시행한다.

부칙 〈제32834호, 2022. 8. 2.〉

이 영은 2022년 8월 4일부터 시행한다.

부칙 〈제33018호, 2022. 12. 6.〉

이 영은 공포한 날부터 시행한다.

부칙 〈제35286호, 2025. 2. 25.〉

이 영은 공포한 날부터 시행한다.

대한민국 법령 시리즈 531

군보건의료에 관한 법률

(약칭 : 군보건의료법)

법 령 / 시 행 령

2025년 4월 21일 인쇄 정가 8,000원
2025년 5월 1일 발행

편 저 편집부
디 자 인 송영미
발 행 인 조준형
발 행 처 해광출판사

http://www.hgbookpub.com
E-mail : munbookcokr@naver.com
주 소 부산광역시 중구 해관로 41-1 (중앙동2가)
전화번호 (051) 253-0001 팩스 (051) 245-1187

등 록 제 2012-000005호

ISBN 979-11-6881-817-0

※ 법령 출처 : 법제처 국가법령정보센터
※ 본 도서는 〈공공데이터 제공 및 이용 활성화에 관한 법률〉을 근거로 출판되었습니다.

해광출판사 대한민국 법령 시리즈

001. 선원법
002. 어선법
003. 선박직원법
004. 해사안전기본법
005. 해양환경관리법
006. 선박의 입항 및 출항등에 관한 법률
007. 학교안전사고예방 및 보상에 관한 법률
008. 종합부동산세법
009. 방위사업법
010. 행정규제기본법
011. 식품산업진흥법
012. 위험물안전관리법
013. 화재의 예방 및 안전관리에 관한 법률
014. 도시가스사업법
015. 실내공기질관리법
016. 지방세법
017. 소득세법
018. 법인세법
019. 도선법
020. 선박안전법
021. 선박법
022. 수산업법
023. 고압가스안전관리법
024. 국민연금법
025. 공동주택관리법
026. 화학물질관리법
027. 어선원 및 어선 재해보상보험법
028. 장기등 이식에 관한 법률
029. 자연재해대책법
030. 공유재산 및 물품 관리법
031. 산업입지 및 개발에 관한 법률
032. 부정경쟁방지 및 영업비밀보호에 관한 법률
033. 금융지주회사법
034. 온실가스 배출권의 할당 및 거래에 관한 법률
035. 건축사법
036. 산림문화휴양에 관한 법률
037. 전기사업법
038. 사립학교법
039. 고등교육법
040. 액화석유가스의 안전관리 및 사업법
041. 선박투자회사법
042. 수산자원관리법
043. 위험물선박운송및저장규칙
044. 선박평형수관리법
045. 주택임대차보호법
046. 상가건물임대차보호법
047. 지방공기업법
048. 승강기안전관리법
049. 수목원·정원의 조성 및 진흥에 관한 법률
050. 민법
051. 치료감호 등에 관한 법률
052. 대부업 등의 등록 및 금융이용자 보호에 관한 법률
053. 사료관리법
054. 무형문화재 보전 및 진흥에 관한 법률
055. 총포·도검·화약류 등의 안전관리에 관한 법률
056. 경찰관직무집행법
057. 시설물의 안전 및 유지관리에 관한 특별법
058. 수산생물질병 관리법
059. 소비자기본법
060. 국제선박등록법
061. 정보통신망 이용촉진 및 정보보호 등에 관한 법률
062. 해운법
063. 농수산물 품질관리법
064. 수산업협동조합법
065. 해외건설촉진법
066. 수상레저안전법
067. 공무원재해보상법
068. 수상에서의 수색·구조 등에 관한 법률
069. 어촌어항법
070. 항만법
071. 항만운송사업법
072. 해양경비법
073. 해양사고의 조사 및 심판에 관한 법률
074. 외국인근로자의 고용 등에 관한 법률
075. 중소기업기본법
076. 자유무역지역의 지정 및 운영에 관한 법률
077. 대기환경보전법
078. 소음진동관리법
079. 폐기물관리법
080. 하수도법
081. 물환경보전법
082. 토양환경보전법
083. 환경정책기본법
084. 산업재해보상보험법
085. 관세법
086. 노동조합 및 노동관계조정법
087. 근로기준법
088. 군인연금법
089. 먹는물관리법
090. 기술보증기금법
091. 관광진흥법
092. 감염병의 예방 및 관리에 관한 법률
093. 사법경찰관리의 직무를 수행할 자와 그 직무범위에 관한 법률
094. 수의사법
095. 가정폭력방지 및 피해자보호 등에 관한 법률
096. 환경영향평가법
097. 체육시설의 설치 · 이용에 관한 법률
098. 장사 등에 관한 법률
099. 상호저축은행법
100. 은행법
101. 보호관찰 등에 관한 법률
102. 형법
103. 자동차관리법
104. 형사소송법
105. 전자금융거래법
106. 마약류 불법거래 방지에 관한 특례법
107. 도로법
108. 주세법
109. 변리사법
110. 하천법
111. 중소기업진흥에 관한 법률
112. 발달장애인 권리보장 및 지원에 관한 법률
113. 주택법
114. 장애인복지법
115. 농어업경영체 육성 및 지원에 관한 법률
116. 공인중개사법
117. 건강기능식품에 관한 법률
118. 예비군법
119. 개발제한구역의 지정 및 관리에 관한 특별조치법
120. 국유재산법
121. 주차장법
122. 환경기술 및 환경산업 지원법
123. 대기관리권역의 대기환경개선에 관한 특별법
124. 악취방지법
125. 미세먼지 저감 및 관리에 관한 특별법
126. 가축분뇨의 관리 및 이용에 관한 법률
127. 물의 재이용 촉진 및 지원에 관한 법률
128. 물관리기본법
129. 물관리기술 발전 및 물산업 진흥에 관한 법률
130. 자원의 절약과 재활용촉진에 관한 법률
131. 전기 · 전자제품 및 자동차의 자원순환에 관한 법률
132. 건설폐기물의 재활용촉진에 관한 법률
133. 수도권매립지관리공사의 설립 및 운영 등에 관한 법률
134. 폐기물의 국가 간 이동 및 그 처리에 관한 법률
135. 폐기물처리시설 설치촉진 및 주변지역지원 등에 관한 법률
136. 자원순환기본법
137. 잔류성오염물질 관리법
138. 환경분쟁 조정법

해광출판사 대한민국 법령 시리즈

139. 화학물질의 등록 및 평가 등에 관한 법률
140. 환경오염시설의 통합관리에 관한 법률
141. 환경오염피해 배상책임 및 구제에 관한 법률
142. 중소기업제품 구매촉진 및 판로지원에 관한 법률
143. 환경개선비용 부담법
144. 환경분야 시험·검사 등에 관한 법률
145. 환경친화적 산업구조로의 전환촉진에 관한 법률
146. 환경친화적 자동차의 개발 및 보급 촉진에 관한 법률
147. 환경범죄 등의 단속 및 가중처벌에 관한 법률
148. 생명윤리 및 안전에 관한 법률
149. 장애인차별금지 및 권리구제 등에 관한 법률
150. 부동산투자회사법
151. 정치자금법
152. 과학기술기본법
153. 대리점거래의 공정화에 관한 법률
154. 상속세 및 증여세법
155. 학원의 설립 · 운영 및 과외교습에 관한 법률
156. 해양심층수의 개발 및 관리에 관한 법률
157. 전기용품 및 생활용품 안전관리법
158. 사회기반시설에 대한 민간투자법
159. 공직선거법
160. 정당법
161. 유류오염손해배상 보장법
162. 부정청탁 및 금품등 수수의 금지에 관한 법률
163. 항로표지법
164. 어장관리법
165. 민방위기본법
166. 공직자윤리법
167. 선거관리위원회법
168. 유선 및 도선 사업법
169. 전기공사업법
170. 사회복지사업법
171. 택지개발촉진법
172. 국가공무원법
173. 민간임대주택에 관한 특별법
174. 어음법·수표법
175. 민사집행법
176. 상법
177. 문화예술진흥법
178. 중소기업협동조합법
179. 농업협동조합법
180. 도로교통법
181. 의료사고 피해구제 및 의료분쟁 조정 등에 관한 법률
182. 산림보호법
183. 소년법
184. 동물보호법
185. 건축물관리법
186. 도시개발법
187. 화물자동차 운수사업법
188. 도시 및 주거환경정비법
189. 의료법
190. 국회법
191. 응급의료에 관한 법률
192. 출입국관리법
193. 노인복지법
194. 산림자원의 조성 및 관리에 관한 법률
195. 청소년 보호법
196. 초 · 중등교육법
197. 혁신도시 조성 및 발전에 관한 특별법
198. 경제자유구역의 지정 및 운영에 관한 특별법
199. 공공기관의 운영에 관한 법률
200. 대한민국헌법
201. 국민기초생활 보장법
202. 저작권법
203. 가사소송법
204. 국가유공자 등 예우 및 지원에 관한 법률
205. 국민체육진흥법
206. 전통주 등의 산업진흥에 관한 법률
207. 재난 및 안전관리 기본법
208. 정보통신공사업법
209. 주식회사 등의 외부감사에 관한 법률
210. 공익사업을 위한 토지 등의 취득 및 보상에 관한 법률
211. 개인정보 보호법
212. 국세기본법
213. 에너지이용 합리화법
214. 감정평가 및 감정평가사에 관한 법률
215. 국가인권위원회법
216. 가맹사업거래의 공정화에 관한 법률
217. 보건의료기본법
218. 산업안전보건법
219. 법무사법
220. 교육공무원법
221. 특허법
222. 민사소송법
223. 아동복지법
224. 전파법
225. 하도급거래 공정화에 관한 법률
226. 기초연금법
227. 사립학교교직원 연금법
228. 직업안정법
229. 장애아동 복지지원법
230. 부동산등기법
231. 자동차손해배상 보장법
232. 철도안전법
233. 항공안전법
234. 전자상거래 등에서의 소비자보호에 관한 법률
235. 독점규제 및 공정거래에 관한 법률
236. 상표법
237. 채무자 회생 및 파산에 관한 법률
238. 공무원연금법
239. 축산법
240. 근로복지기본법
241. 민원 처리에 관한 법률
242. 약사법
243. 방문판매 등에 관한 법률
244. 건축기본법
245. 지방세기본법
246. 지방세징수법
247. 지방자치법
248. 도시교통정비 촉진법
249. 공공주택 특별법
250. 국세징수법
251. 공인노무사법
252. 중대재해 처벌 등에 관한 법률
253. 외무공무원법
254. 소방시설공사업법
255. 검역법
256. 공중위생관리법
257. 할부거래에 관한 법률
258. 인터넷 멀티미디어 방송사업법
259. 전기통신사업법
260. 제품안전기본법
261. 철도사업법
262. 어린이제품 안전 특별법
263. 영유아보육법
264. 원자력안전법
265. 보험업법
266. 경비업법
267. 교통안전법
268. 세무사법
269. 관세사법
270. 공인회계사법
271. 지방공무원법
272. 고용정책 기본법
273. 국가경찰과 자치경찰의 조직 및 운영에 관한 법률
274. 협동조합 기본법
275. 재해구호법
276. 환경보건법

해광출판사 대한민국 법령 시리즈

277. 자살예방 및 생명존중문화 조성을 위한 법률
278. 소방산업의 진흥에 관한 법률
279. 소방기본법
280. 비송사건절차법
281. 자연환경보전법
282. 변호사법
283. 기업구조조정투자회사법
284. 전기통신기본법
285. 에너지법
286. 해양생태계의 보전 및 관리에 관한 법률
287. 사회보장기본법
288. 통신비밀보호법
289. 공증인법
290. 물류시설의 개발 및 운영에 관한 법률
291. 청소년활동 진흥법
292. 형의 집행 및 수용자의 처우에 관한 법률
293. 도시공원 및 녹지 등에 관한 법률
294. 태권도 진흥 및 태권도공원 조성 등에 관한 법률
295. 녹색건축물 조성 지원법
296. 우편법
297. 예금자보호법
298. 건설산업기본법
299. 금융회사의 지배구조에 관한 법률
300. 장애인활동 지원에 관한 법률
301. 언론중재 및 피해구제 등에 관한 법률
302. 국가재정법
303. 농지법
304. 게임산업진흥에 관한 법률
305. 정신건강증진 및 정신질환자 복지서비스 지원에 관한 법률
306. 디자인보호법
307. 의료기사 등에 관한 법률
308. 스마트도시 조성 및 산업진흥 등에 관한 법률
309. 내수면어업법
310. 한국주택금융공사법
311. 의료기기법
312. 유통산업발전법
313. 전통시장 및 상점가 육성을 위한 특별법
314. 여신전문금융업법
315. 해외자원개발 사업법
316. 산업교육진흥 및 산학연협력촉진에 관한 법률
317. 빈집 및 소규모주택 정비에 관한 특례법
318. 기업도시개발 특별법
319. 전력기술관리법
320. 국토기본법
321. 지하수법
322. 식품위생법
323. 광업법
324. 호스피스·완화의료 및 임종과정에 있는 환자의 연명의료결정에 관한 법률
325. 주식·사채 등의 전자등록에 관한 법률
326. 표시·광고의 공정화에 관한 법률
327. 골재채취법
328. 국민건강증진법
329. 새마을금고법
330. 여객자동차 운수사업법
331. 마리나항만의 조성 및 관리 등에 관한 법률
332. 한부모가족지원법
333. 국가를 당사자로 하는 계약에 관한 법률
334. 지방자치단체를 당사자로 하는 계약에 관한 법률
335. 축산물 위생관리법
336. 병역법
337. 음악산업진흥에 관한 법률
338. 국가균형발전 특별법
339. 첨단재생의료 및 첨단바이오의약품 안전 및 지원에 관한 법률
340. 공간정보의 구축 및 관리 등에 관한 법률
341. 공유수면 관리 및 매립에 관한 법률
342. 농수산물 유통 및 가격안정에 관한 법률
343. 아시아문화중심도시 조성에 관한 특별법
344. 신탁법
345. 자연공원법
346. 생활화학제품 및 살생물제의 안전관리에 관한 법률
347. 군인사법
348. 국제조세조정에 관한 법률
349. 낙동강수계 물관리 및 주민지원 등에 관한 법률
350. 주민등록법
351. 집합건물의 소유 및 관리에 관한 법률
352. 집단에너지사업법
353. 산림조합법
354. 반도체집적회로의 배치설계에 관한 법률
355. 자본시장과 금융투자업에 관한 법률
356. 담보부사채신탁법
357. 근로자퇴직급여 보장법
358. 국제과학비즈니스벨트 조성 및 지원에 관한 특별법
359. 수도법
360. 식품 등의 표시·광고에 관한 법률
361. 약관의 규제에 관한 법률
362. 인삼산업법
363. 종자산업법
364. 항공사업법
365. 건설기계관리법
366. 군형법
367. 궤도운송법
368. 기술의 이전 및 사업화 촉진에 관한 법률
369. 농수산물의 원산지 표시 등에 관한 법률
370. 담배사업법
371. 석유 및 석유대체연료 사업법
372. 가축전염병 예방법
373. 농어촌정비법
374. 식물신품종 보호법
375. 항공보안법
376. 중소기업창업 지원법
377. 군사법원법
378. 우주개발 진흥법
379. 해저광물자원 개발법
380. 산림복지 진흥에 관한 법률
381. 지능형 로봇 개발 및 보급 촉진법
382. 헌법재판소법
383. 옥외광고물 등의 관리와 옥외광고산업 진흥에 관한 법률
384. 혈액관리법
385. 국제항해선박 등에 대한 해적행위 피해예방에 관한 법률
386. 유료도로법
387. 독립유공자예우에 관한 법률
388. 신에너지 및 재생에너지 개발·이용·보급 촉진법
389. 신용정보의 이용 및 보호에 관한 법률
390. 출판문화산업 진흥법
391. 공항시설법
392. 국민 평생 직업능력 개발법
393. 아동·청소년의 성보호에 관한 법률
394. 방송법쉬
395. 신용보증기금법
396. 화장품법
397. 청소년 기본법
398. 인터넷주소자원에 관한 법률
399. 양곡관리법
400. 도로명주소법
401. 전자문서 및 전자거래 기본법
402. 산업기술의 유출방지 및 보호에 관한 법률
403. 국가기술자격법
404. 양식산업발전법
405. 산업기술혁신 촉진법
406. 새만금사업 추진 및 지원에 관한 특별법
407. 전자정부법
408. 지역 개발 및 지원에 관한 법률
409. 한국농어촌공사 및 농지관리기금법
410. 계량에 관한 법률
411. 기업활동 규제완화에 관한 특별조치법
412. 군에서의 형의 집행 및 군수용자의 처우에 관한 법률

해광출판사 대한민국 법령 시리즈

413. 규제자유특구 및 지역특화발전특구에 관한 규제특례법
414. 금융위원회의 설치 등에 관한 법률
415. 남녀고용평등과 일·가정 양립 지원에 관한 법률
416. 농어업인 삶의 질 향상 및 농어촌지역 개발촉진에 관한 특별법
417. 댐건설·관리 및 주변지역지원 등에 관한 법률
418. 국가유산수리 등에 관한 법률
419. 법원조직법
420. 보훈보상대상자 지원에 관한 법률
421. 부패방지 및 국민권익위원회의 설치와 운영에 관한 법률
422. 과학기술분야 정부출연연구기관 등의 설립·운영 및 육성에 관한 법률
423. 연구개발특구의 육성에 관한 특별법
424. 친환경농어업 육성 및 유기식품 등의 관리·지원에 관한 법률
425. 연안관리법
426. 영화 및 비디오물의 진흥에 관한 법률
427. 신용협동조합법
428. 방송통신발전 기본법
429. 범죄피해자 보호법
430. 가축 및 축산물 이력관리에 관한 법률
431. 국가표준기본법
432. 국가통합교통체계효율화법
433. 범죄인 인도법
434. 국가과학기술 경쟁력 강화를 위한 이공계지원 특별법
435. 국제경기대회 지원법
436. 금융혁신지원 특별법
437. 수자원의 조사·계획 및 관리에 관한 법률
438. 축산자조금의 조성 및 운용에 관한 법률
439. 소방시설 설치 및 관리에 관한 법률
440. 양성평등기본법
441. 축산계열화사업에 관한 법률
442. 수입식품안전관리 특별법
443. 대외무역법
444. 국가연구개발사업 등의 성과평가 및 성과관리에 관한 법률
445. 무역보험법
446. 기술사법
447. 광산안전법
448. 농약관리법
449. 농업·농촌 및 식품산업 기본법
450. 문화산업진흥 기본법
451. 부담금관리 기본법
452. 야생생물 보호 및 관리에 관한 법률
453. 한국은행법
454. 별정우체국법
455. 원양산업발전법
456. 콘텐츠산업 진흥법
457. 한국수출입은행법
458. 외국인투자 촉진법
459. 물류정책기본법
460. 전자서명법
461. 산업발전법
462. 산업표준화법
463. 소프트웨어 진흥법
464. 토지이용규제 기본법
465. 해수욕장의 이용 및 관리에 관한 법률
466. 정보통신 진흥 및 융합 활성화 등에 관한 특별법
467. 정보통신산업 진흥법
468. 지진·화산재해대책법
469. 소금산업진흥법
470. 위치정보의 보호 및 이용 등에 관한 법률
471. 외국법자문사법
472. 이러닝(전자학습)산업 발전 및 이러닝 활용 촉진에 관한 법률
473. 암관리법
474. 실용신안법
475. 가족관계의 등록 등에 관한 법률
476. 무인도서의 보전 및 관리에 관한 법률
477. 감사원법
478. 정보보호산업의 진흥에 관한 법률
479. 결혼중개업의 관리에 관한 법률
480. 공익신고자 보호법
481. 박물관 및 미술관 진흥법
482. 낚시 관리 및 육성법
483. 동산·채권 등의 담보에 관한 법률
484. 임금채권보장법
485. 국민투표법
486. 농림수산업자 신용보증법
487. 국가채권 관리법
488. 중소기업은행법
489. 식품안전기본법
490. 외국환거래법
491. 발명진흥법
492. 건설기술 진흥법
493. 기후위기 대응을 위한 탄소중립·녹색성장 기본법
494. 인체조직안전 및 관리 등에 관한 법률
495. 엔지니어링산업 진흥법
496. 신문 등의 진흥에 관한 법률
497. 식물방역법
498. 석탄산업법
499. 산업융합 촉진법
500. 비료관리법
501. 임업 및 산촌 진흥촉진에 관한 법률
502. 복권 및 복권기금법
503. 대규모유통업에서의 거래 공정화에 관한 법률
504. 뉴스통신 진흥에 관한 법률
505. 지능정보화 기본법
506. 자격기본법
507. 중소기업 기술혁신 촉진법
508. 국가공간정보 기본법
509. 농어업재해대책법
510. 방송광고판매대행 등에 관한 법률
511. 지식재산 기본법
512. 초고층 및 지하연계 복합건축물 재난관리에 관한 특별법
513. 해양 조사와 해양정보 활용에 관한 법률
514. 공간정보산업 진흥법
515. 공공기관의 정보공개에 관한 법률
516. 행정기본법
517. 해상교통안전법
518. 농어업재해보험법
519. 문화유산의 보존 및 활용에 관한 법률
520. 자연유산의 보존 및 활용에 관한 법률
521. 국토의 계획 및 이용에 관한 법률
522. 건축법
523. 국민건강보험법
524. 계엄법
525. 환경친화적 선박의 개발 및 보급 촉진에 관한 법률
526. 해양폐기물 및 해양오염퇴적물 관리법
527. 연안사고 예방에 관한 법률
528. 전기안전관리법
529. 의약품 등의 안전에 관한 규칙
530. 공공보건의료에 관한 법률
531. 군보건의료에 관한 법률

:
:
:

농어촌 등 보건의료를 위한 특별조치법

*** 해광출판사의 법령 시리즈는 계속 발행 됩니다.**
**** 각 도서의 개정판은 인쇄일을 기준으로 제작 되었습니다.**